NOTICE HISTORIQUE

SUR

M. L'ABBÉ VIEILLE,

CURÉ DE SAINTE-MADELEINE,

CHANOINE HONORAIRE DE LA MÉTROPOLE.

PAR UN DE SES VICAIRES.

BESANÇON,

IMPRIMERIE ET LITHOGRAPHIE DE J. JACQUIN,

Grande-Rue, 14, à la Vieille-Intendance.

—

1850.

NOTICE HISTORIQUE

SUR M. L'ABBÉ VIEILLE,

CURÉ DE SAINTE-MADELEINE.

Jean-Etienne Vieille naquit à Besançon, le 25 octobre 1777, d'une famille originaire des montagnes du Doubs, qui était venue s'établir dans cette ville au commencement du siècle dernier. Son grand-père y obtint, en 1754, des lettres de bourgeoisie. Son père, d'abord simple ouvrier, puis entrepreneur et enfin architecte, acquit, par son intelligence, par son travail, par sa bonne conduite, une aisance honorable. Il eut six enfants dont l'éducation le préoccupa de bonne heure et fut toujours le premier de ses soins. Laborieux, économe, sévère pour lui-même, ses conseils étaient écoutés comme des ordres et ses exemples suivis comme des préceptes.

Ce fut sous la surveillance d'un père aussi habile que vertueux, que le jeune Vieille commença à connaitre et à aimer la religion. Sa piété enfantine faisait le charme de sa famille. Elle frappa surtout un des amis de la maison, M. l'abbé Jeune, qui, à peine âgé de vingt-trois ans, avait quitté la chaire de philosophie du collége d'Arbois pour venir se préparer à la prêtrise. Ordonné par M. de Durfort le samedi saint de l'an 1790, il célébra le lendemain sa première messe et fit faire à M. Vieille sa première communion. Ainsi rapprochés par des circonstances si solennelles, le jeune prêtre et le jeune communiant conçurent l'un pour l'autre une égale affection et entretinrent, jusqu'à la fin de leur vie, un commerce touchant de lettres et de prières.

M. Vieille n'avait pu voir son ami monter à l'autel sans aspirer lui-même aux honneurs du sacerdoce. Ce désir, si secret qu'il fût, commença à lui inspirer des *réflexions* sérieuses en tempérant, par une gravité précoce, la vivacité naturelle à son âge. Dès son entrée au collége de Besançon, on remarqua en lui des habitudes de sagesse qui contrastaient avec l'étourderie de ses condisciples; mais personne ne s'en offensa, car sa bonté croissait avec sa prudence et on excusait l'une en faveur de de l'autre.

Ce caractère si grave et si réservé ne se démentit qu'une fois. M. Vieille achevait à peine sa quatrième, quand les prêtres qui tenaient le collége de Besançon reçurent ordre de quitter leur chaire, ou de prêter serment à la constitution civile du clergé. Dix sur douze préférèrent leur devoir à leur intérêt et furent immédiatement remplacés. Le lendemain de leur départ, on voulut procéder à l'installation de leurs successeurs. « Mais, disait M. Vieille, on ne connaissait pas l'affection que nous avions pour eux. Nous refusâmes d'entrer en classe; on se réunit en tumulte au milieu de la cour; on protesta à grands cris contre ce changement. Je n'étais pas un des moins animés et je criai tout ce qui me passa par la tête. Les officiers de police accoururent sur les lieux. On nous menaça, et les huées redoublèrent; on nous promit tout, nous ne voulûmes rien croire. Le maire vint à son tour, on refusa de l'entendre. Enfin, comme il était habile, il prit le parti de solliciter l'intervention de l'ancien principal, M. Vautherin, qui devait, le jour même, quitter l'établissement. C'était le seul moyen de nous faire rentrer dans le devoir. Ce vénérable prêtre descendit au milieu de nous, calma notre effervescence et nous demanda de lui obéir encore une fois. Oui! oui! s'écria-t-on de toutes parts. Aussitôt il partagea la foule en autant de petites troupes qu'il y avait de classes, et nous conduisit dans nos salles respectives où il installa luimême les nouveaux régents. On ne les aimait guère, mais on les respecta en mémoire de M. Vautherin. »

Deux ans après, le collége de Besançon était fermé, et M. Vieille rentrait dans sa famille sans avoir achevé ses études. C'était dans les plus mauvais jours de la terreur; les pratiques du culte étaient abolies, les églises changées en magasins ou en hôpitaux, les prêtres proscrits ou mis à mort. Ce spectacle, si propre à décourager les plus intrépides, affermit au contraire la vocation de M. Vieille. Son zèle s'enflamme à la vue des maux causés par l'impiété. Il soupire après le moment où, revêtu d'un caractère sacré, il pourra essuyer les larmes de la religion et guérir ou partager ses douleurs. Après le 9 thermidor, il croit d'abord que ses vœux vont s'accomplir. Mais la persécution s'étant rallumée, les prêtres qui étaient rentrés en France furent poursuivis et condamnés à la déportation. M. Vieille touchait à sa vingtième année. Pour échapper aux réquisitions militaires, il obtint du service dans les bureaux du génie et entra en qualité de secrétaire chez le colonel Laurent, qui commandait la place de Besançon. Assidu au travail, plein de déférence pour l'autorité, son caractère et sa conduite lui méritèrent bientôt l'estime de ses chefs. M. Laurent lui offrit un brevet de sous-lieutenant ; il le refusa en avouant qu'il n'avait de goût que pour l'état ecclésiastique.

Enfin Dieu mit un terme aux épreuves de l'Eglise de France. Dès 1799, quelques prêtres rentrèrent à Besançon sous un déguisement et y exercèrent en secret les fonctions du saint ministère. L'un d'eux, M. Delamarche, qui avait été préfet des études au collége, ouvrit dans sa chambre un cours de philosophie. M. Vieille le suivit dans les loisirs que lui laissait le travail de ses bureaux, et ne négligea rien pour réparer, à force d'application, les lacunes de ses premières études. L'année suivante, il commença sa théologie, sans quitter toutefois ni son habit militaire, ni son épée. L'école dont il faisait partie était un essai hardi, moitié public, moitié secret, d'un nouveau séminaire. Il devenait urgent de recruter le clergé. Cinq cents prêtres étaient morts dans l'exil ou sur l'échafaud, et les ordinations qui eurent lieu de 1791 à 1800, soit à Fribourg, soit à Soleure, n'avaient donné que trente-deux ecclésiastiques à notre diocèse. D'anciens directeurs du séminaire, à peine sortis de leur retraite, vinrent alors à Besançon, dans l'espérance d'y trouver quelques jeunes clercs et de les former aux vertus sacerdotales. C'étaient MM. Tombal, Babey, Baud et Colard. N'osant encore, de peur d'éveiller les défiances, ni demeurer sous le même toit, ni porter le costume ecclésiastique, ces vénérables maîtres se crurent assez payés de leurs soins quand ils eurent réuni quatorze jeunes gens, pleins de bonne volonté, de dévouement et de courage. M. Vieille était du nombre. On distinguait parmi ses condisciples M. Gaume, dont le souvenir vit encore dans les missions de la province ; un ouvrier, M. Robert ; plusieurs cultivateurs, M. Juif et

M. Vernier; M. Denizot, qui mourut curé de la métropole; M. d'Aubonne, qui, après avoir appris dans l'émigration le rude métier de la
guerre, venait faire, presque au milieu des mêmes périls, l'apprentis-
sage de la milice sainte, montrant par son exemple que les vertus
militaires deviennent plus facilement qu'on ne croit des vertus sacerdotales, et que, malgré la différence de leur costume, le bon prêtre et le
brave soldat se ressemblent par la franchise du cœur, l'énergie du caractère, l'esprit de règle, d'obéissance et de sacrifice.

L'expérience du monde n'était pas inutile à ces jeunes lévites. Ne
pouvant vivre en communauté, ils se réunissaient, pour étudier ensemble
tantôt chez l'un d'eux, tantôt chez leurs maîtres, le plus souvent dans
les maisons chrétiennes qui avaient servi d'asile aux confesseurs de la
foi pendant les jours de persécution. Il n'était pas rare qu'on fût obligé,
sur un avis charitable, d'interrompre le cours de théologie pour
échapper à quelques visites domiciliaires; mais, grâce aux pieuses in-
dustries de leur zèle, élèves et professeurs évitèrent ou prévinrent tous
les dangers de la situation. Enfin, les esprits s'améliorèrent, la police
ferma les yeux, on se trouva heureux d'être moins inquiet sans oser
toutefois paraître moins prudent.

Au milieu de cette irrégularité apparente, l'ancien règlement du séminaire était observé par les élèves jusque dans ses détails les plus minutieux.
Les modestes mansardes qu'ils habitaient, les uns dans leur famille, les
autres dans des maisons hospitalières, étaient autant de séminaires où
chacun vivait en son particulier comme en communauté, fidèle à tous
les points de la règle, assidu à ses exercices spirituels, mesurant
avec une exactitude rigoureuse les heures des repas, de la récréation et
du sommeil. Ils étaient d'autant plus jaloux de remplir leurs devoirs
qu'ils ne relevaient que de leur conscience; d'autant plus sages qu'ils
se sentaient plus libres. Eloignés l'un de l'autre, le même esprit les
animait tous dans la prière; rapprochés par l'étude, le même cœur
présidait à leurs leçons. Spectacle édifiant, où l'on ne peut s'empêcher
de reconnaître de grandes vertus. Car, s'il est honorable de poursuivre,
à travers des dangers inattendus, une carrière commencée sous d'heureux auspices, il y a quelque chose d'héroïque à s'y engager en dépit
de l'opinion qui la condamne et des obstacles qui en ferment l'entrée.

Un noviciat marqué par tant d'épreuves devait laisser des traces profondes dans la vie de M. Vieille. Il en parlait rarement; mais sa conduite le disait assez. Jamais ecclésiastique n'observa si bien, ni avec tant de persévérance, ses résolutions de séminaire. On voyait qu'elles ne tenaient ni à un accès de ferveur passagère, ni à l'humeur, ni au respect humain, ni à la routine. Formées dans des jours où l'abnégation du prêtre devait être parfaite, elles avaient en lui je ne sais quoi de noble, de grand, d'achevé, qui en rendait l'observation plus sacrée à ses propres yeux, et plus méritoire devant Dieu et devant les hommes.

Ce fut un prélat cher à tous les catholiques pour la pureté de sa foi, M. Franchet de Rans, évêque de Rhosy *in partibus*, qui reçut les premiers vœux de M. Vieille. Il lui donna la tonsure le 2 mars 1801, les ordres moindres le 14 septembre, et le sous-diaconat le 19 du même mois. Devenu diacre le 19 décembre, le pieux séminariste attendait encore des mains du même pontife l'onction sacerdotale. Sur ces entrefaites, le concordat fut conclu, et l'ordination ajournée jusqu'à l'arrivée du futur archevêque. M. Lecoz, ancien évêque constitutionnel d'Ile-et-Villaine, fut nommé au siége de Besançon. Cette nouvelle jeta la consternation parmi les fidèles du diocèse. M. Lecoz avait la réputation d'un homme savant et d'un administrateur éclairé; mais ses antécédents inspiraient de vives inquiétudes. On craignait, malgré la rétractation de ses erreurs, qu'il ne conservât pour le schisme des sympathies secrètes, et qu'après avoir usurpé en d'autres temps le gouvernement de l'église de Rennes, il n'entretînt l'esprit de discorde dans celle de Besançon, soit en favorisant les constitutionnels, soit en décourageant les insermentés. M. Vieille, dont le caractère était un peu timide et la conscience très délicate, prit facilement l'alarme. La pensée de promettre obéissance à un prélat qui avait désobéi à l'Eglise, troublait cette âme si droite et si pure. Il communiqua ses craintes à M. d'Aubonne, et tous deux résolurent d'en référer au cardinal Caprara. L'ordination était fixée au 18 octobre. Les deux amis entrèrent en retraite avec les mêmes sentiments, également partagés entre le désir d'être prêtres et la crainte d'être ordonnés par un évêque attaché au schisme. Neuf jours s'écoulèrent, la retraite se termina et leurs incertitudes devinrent plus cruelles encore. M. Babey avait essayé plusieurs fois de vaincre leur répugnance.

Tout fut inutile. Une heure avant l'ordination, ils vinrent lui déclarer qu'ils aimaient mieux renoncer au Sacerdoce que de le recevoir des mains de M. Lecoz, et ils rentrèrent chez eux, pensifs et résignés, en se consolant mutuellement par le témoignage de leur bonne conscience. Dans ce moment on apporta une lettre à M. Vieille. C'était la réponse du cardinal Caprara. Le légat levait tous leurs doutes et leur enjoignait de se soumettre à l'autorité de l'Ordinaire. Ils bénirent Dieu de les avoir éclairés, retournèrent sur leurs pas et se rendirent à la cérémonie. Plus l'obéissance leur avait coûté, plus elle fut prompte, entière et parfaite. M. Lecoz leur donna plusieurs fois des marques d'estime. Il ne les comptait pas parmi ses partisans, mais il ne pouvait leur refuser une place au nombre des meilleurs prêtres de son diocèse.

Pendant les six mois qui suivirent son ordination, M. Vieille célébra les saints mystères dans un oratoire domestique. Dès que les églises eurent été rendues au culte et les paroisses réorganisées, il fut nommé vicaire de Saint-François-Xavier, où il eut M. Sirebon pour curé, et M. Domet pour collègue. On ne pouvait allier plus heureusement l'expérience et les talents de l'ancien clergé avec le dévouement du nouveau. M. Sirebon, qui vivait dans le monde comme s'il eût vécu dans la retraite, possédait à un haut degré cette éloquence pleine de charmes, de simplicité et d'onction, qui convient si bien au prédicateur évangélique. Plus jeunes et plus ardents, ses vicaires se partageaient les œuvres de zèle. Leurs débuts ne leur laissaient guère que l'embarras du choix. Chaque paroisse était une friche, chaque église une ruine. Tableaux, ornements, vases sacrés, tout manquait à la fois. En quelques années tout fut trouvé, grâce aux démarches du clergé et à la générosité des paroissiens. Après la maison de Dieu, M. Vieille s'occupa des conférences et des congrégations. C'était son œuvre favorite, et il eût voulu s'y délasser des fatigues du saint ministère. Mais la confiance qu'il commençait à inspirer ne lui laissait déjà presque plus de loisirs. Sa gravité et sa prudence le rendaient éminemment propre à la direction des âmes. La sagesse de ses conseils égalait l'onction de sa parole et la sûreté de son commerce. Il ne savait ni publier, ni faire valoir ses conquêtes spirituelles, content du témoignage de *Celui qui voit dans le secret,* et craignant d'exposer les merveilles de la grâce à la contradiction des langues.

M. l'abbé de Chaffoy, qui vivait dans la retraite à l'hôpital Saint-Jacques, connut et apprécia bientôt ses rares qualités. Il voulut le voir souvent, le combla de marques d'amitié et l'intéressa même à ses bonnes œuvres, ne croyant pas pouvoir choisir un intermédiaire plus discret, pour laisser ignorer à sa droite ce que sa gauche avait donné.

Après la mort de M. l'abbé Barbelenet, M. le curé de Saint-François-Xavier joignit à ces fonctions la charge d'aumônier du lycée. Il fit partager à M. Vieille ce nouveau ministère et lui fournit par là l'occasion d'acquérir de plus grands mérites. L'un et l'autre s'occupaient tour à tour de l'instruction religieuse et travaillaient ensemble à la direction des consciences. Les élèves de l'établissement leur témoignaient un égal respect; mais leurs préférences et leurs sympathies étaient divisées. M. Sirebon confessait les plus étourdis, et M. Vieille les plus sages. Ceux-là se confiaient volontiers à l'expérience la plus longue des misères humaines; ceux-ci n'étaient pas surpris de la sévérité du zèle. On disait de M. Vieille: il n'y a que les saints qui s'adressent à lui. La haute idée qu'on avait de sa vertu parut à M. l'abbé d'Aubonne la meilleure garantie de succès dans un ministère si délicat. En 1816, il proposa à son ami le titre d'aumônier du collége royal. Le pieux vicaire refusa par modestie. Il se croyait au-dessous de sa tâche, et l'autorité ecclésiastique, qui le destinait à un poste plus difficile encore, agréa ses excuses en se réservant d'en apprécier la valeur.

L'occasion ne tarda pas à se présenter. En 1820, la cure de Saint-Maurice, vacante par le décès de M. Louvot, était proposée à un prêtre distingué qui déclina cet honneur pour un motif d'embarras personnels. On pensa alors à M. Vieille. Il hésitait d'abord, mais ayant appris le refus d'un autre, il y vit pour lui-même une raison d'accepter. « Je suis pauvre, disait-il en riant, c'est une paroisse de pauvres qu'il me convient d'épouser. » Ce mot charma M. de Pressigny qui se promit bien de se le rappeler un jour.

Ce fut M. de Villefrancon, son coadjuteur, qui le mit à profit. Depuis trois ans, M. Vieille dirigeait la paroisse de Saint-Maurice avec autant de consolation que de dévouement, quand il fallut se séparer d'elle. M. Demandre, curé de Sainte-Madeleine, venait de mourir, et l'on se demandait avec inquiétude à qui sa succession pastorale serait dévolue. On se figure aisément toutes les difficultés qui attendent un curé dans une paroisse composée de douze mille habitants, où l'on compte plus de sept cents familles indigentes, et où le clergé peut suffire à peine aux travaux du jour. Que de larmes à essuyer! que d'abus à combattre! que de vices à prévenir! que de désordres pour lesquels un prêtre n'a d'autres remèdes que ses prières! que de plaies secrètes et publiques, qu'il ne peut pressentir sans trembler, ni tolérer sans gémir! Ce n'était rien toutefois au prix des embarras qui tenaient au temps et aux circonstances. M. Demandre, qui avait été évêque constitutionnel du Doubs, laissait, aux yeux des catholiques, une réputation ternie par la tache du schisme; mais la plupart de ses paroissiens, moins touchés des erreurs du prêtre que des vertus de l'homme de bien, professaient pour lui une sorte de culte. On vantait la pureté de ses mœurs, l'énergie de son caractère et surtout l'abondance de ses aumônes. Sa pension, son riche patrimoine, les revenus de sa cure, étaient publiquement consacrés au soulagement des malheureux. Il s'était interdit le superflu, et le nécessaire lui manquait souvent; son logement, sa table, ses meubles, ses habits, tout chez lui respirait la pauvreté; heureux si, en pratiquant les œuvres de la foi, il en eût conservé l'esprit, et si, cédant aux instances paternelles de M. de Pressigny, il eût ajouté, par une rétractation solennelle, l'humilité à l'abnégation et l'obéissance au sacrifice! Cette démarche, si honorable pour lui, eût assuré en outre le repos de sa paroisse. On l'attendit en vain. Il laissa, en mourant, les esprits divisés et les cœurs aigris. Des désordres affreux éclatèrent au milieu de la pompe de ses obsèques. On fut sur le point d'en venir aux mains, et, malgré l'intervention de la force armée, la cérémonie, mêlée d'injures et de menaces réciproques, fit assez voir tout ce qu'il y avait à craindre de deux partis également passionnés, où l'obstination des uns semblait une injure pour la foi, et l'imprudence des autres un oubli des règles de la charité.

Tel était l'état des esprits à la mort de M. Demandre. Il n'y avait peut-être qu'un seul homme capable d'accepter, dans des circonstances si critiques, la paroisse la plus populeuse, la plus importante et la plus difficile du diocèse. M. Vieille avait déjà prouvé que ce qui paraît impossible à la nature ne coûte rien à la grâce. L'administration jeta les yeux

sur lui , et M. Tharin , vicaire-général, fut chargé de lui faire les premières ouvertures.

Je le vois encore, me disait un de ses amis, entrer dans le cabinet de
M. de Villefrancon. Il était pâle, défait, hors de lui-même. M. Tharin
s'efforçait de le rassurer et semblait l'amener, comme une victime, aux
pieds de l'autel. Enfin M. Vieille accepta. Il sortit, et M. Tharin, retenu
par l'archevêque, apprit qu'on le destinait lui-même à l'évêché de Metz.
Ce fut à son tour de s'excuser et de se plaindre. On ne put obtenir de
lui ce qu'il venait d'arracher à M. Vieille ; mais en se jugeant indigne
de l'épiscopat, il s'en rendait plus digne que jamais, et le gouvernement
ne tint compte de son refus que pour lui imposer une charge plus grande
encore, en l'élevant, l'année suivante, sur le siége de Strasbourg.

M. le curé de Sainte-Madeleine fut installé dans sa nouvelle paroisse
le jour de la Pentecôte 1823. Le saint prêtre entrevoyait beaucoup d'ennuis et de fatigues ; cependant les peines qu'il avait prévues n'étaient
rien en comparaison de celles qu'il eut à essuyer. Sa sollicitude eut d'a-
bord pour objet les petits enfants, qui étaient à ses yeux la portion la plus
chère et la plus intéressante de son troupeau. Il commença sa tournée
pastorale par la visite des écoles. Deux sœurs de charité tenaient la
classe des filles. Celle des garçons, placée dans la maison des Petits-Car-
mes, était entretenue aux frais de la ville sous le titre d'école mutuelle.
Mais au lieu de six cents enfants qui étaient en âge de la suivre, on n'en
trouvait que quarante, et les autres étaient abandonnés, faute d'instruction, à tous les dangers d'une vie dissipée, aventureuse et pleine de li-
cence. Les catéchismes n'étaient ni fréquentés avec assiduité, ni écoutés
avec attention. Plusieurs enfants avaient grandi dans l'ignorance des vé-
rités de la foi, et la première communion , bien loin de leur paraître
un bienfait, était une charge à leurs yeux. Les uns faisaient tout pour
s'y soustraire, les autres ne faisaient rien pour s'y préparer, et elle était
pour le plus grand nombre le commencement et la fin de la vie religieuse.

Les yeux d'un bon pasteur ne pouvaient se reposer longtemps sur ce
triste spectacle. M. Vieille conçut aussitôt le dessein de fonder dans sa
paroisse une école chrétienne. Il fallait trouver un local , l'approprier à
sa destination et acheter le mobilier. Une personne pieuse fit tous les frais

de premier établissement. Le choix des instituteurs était plus important encore. M. le curé pensa aux frères de la doctrine, et M. Terrier de Santans, maire de la ville, accueillit favorablement son projet. En 1824, deux frères vinrent prendre possession de l'école de Sainte-Madeleine. Deux cents enfants se présentèrent aussitôt pour la fréquenter. L'année suivante, on en comptait le double, et le nombre des frères fut porté jusqu'à quatre. Ainsi fut consommée cette grande entreprise. Née de la douleur, elle prospéra au milieu des tribulations. M. Vieille eut moins d'ennuis pour en assurer la réussite que pour en perpétuer les bienfaits. En 1830, le conseil municipal supprima le traitement d'un frère ; le fondateur recourut à une quête et le nombre des maîtres demeura le même. Ce n'était là que le prélude de plus grandes épreuves. En 1832, l'école tout entière fut rayée du budget. M. Vieille ne perdit point courage. Il ouvrit une souscription dans toute la ville, trouva deux mille quatre cents francs, et conserva les frères. Heureusement une situation si fâcheuse ne dura qu'un an. Le traitement complet fut généreusement rétabli en 1834 par le conseil municipal, et l'avenir de l'école assuré.

Les commencements du ministère de M. Vieille étaient hérissés de difficultés. A chaque pas, il rencontrait autour de lui ou l'ignorance, ou le préjugé, ou la haine. Ses meilleures intentions étaient méconnues, ses vertus tournées en dérision, ses démarches calomniées. Cependant rien n'altérait ni la sérénité de son front, ni la douceur de ses paroles. Rien ne lassait sa patience évangélique. Plus on l'éprouvait, plus on la voyait grandir. Les outrages le touchaient si peu qu'il ne paraissait pas même s'en apercevoir. Jamais on ne l'entendit se plaindre de la malice ou de l'ingratitude des hommes. Il avait, en faisant le bien, les yeux incessamment tournés vers Dieu, les mains et le cœur toujours ouverts pour soulager ses semblables.

Enfin, après dix-huit mois d'amertume et de dégoûts, Dieu ménagea à son serviteur des jours de consolation. Le 9 janvier 1825, une grande mission commença dans toute la ville et se prolongea jusqu'au 27 février. Dix-huit prêtres, dont douze appartenaient à la congrégation de l'abbé de Rauzan et six à la maison de Beaupré, s'étaient partagé les travaux de ce sublime apostolat. Les églises de Saint-Pierre et de Sainte-Madeleine avaient été choisies, avec la métropole, pour être le théâtre de leurs prédications. MM. Férail, Parandier, Creveuil et Lamothe, des missions de France, MM. Lombard et Giros, des missions du diocèse, occupèrent tour à tour la chaire de Sainte-Madeleine. Dès les premiers jours de la station, une foule innombrable accourut pour les entendre et leur fit pressentir un magnifique succès. L'événement dépassa encore l'espérance. Dans les autres quartiers de la ville, la pieuse entreprise rencontrait de nombreux contradicteurs; ici, elle ne trouva guère que des amis. C'était une terre neuve où la rosée du ciel tombait pour la première fois. Il y avait, dans les ouvriers, les vignerons et les laboureurs, dont la paroisse est composée, quelques-unes de ces grandes qualités qui caractérisent les enfants du peuple : une droiture d'intentions qui cherche la vérité sans détour, une rectitude d'esprit qui l'accepte sans réserve, une générosité de sentiments qui l'embrasse avec reconnaissance et avec amour. On n'évaluait pas à plus de huit cents, sur douze mille, les paroissiens pour qui la mission demeura sans effet.

Vingt-cinq ans après, M. Vieille ne pouvait en parler sans émotion. Jusque dans les derniers jours de sa vie, lorsqu'il n'était plus entendu qu'à force d'être écouté, sa voix, ses traits, sa parole, s'animaient encore au souvenir de ces temps de grâce et de salut. Il nous peignait avec feu ces hommes respectables qui étaient venus de si loin pour semer la parole sainte, véritables athlètes nés pour les combats du Seigneur, dont la démarche, la pose, les mouvements avaient quelque chose de fier et qui sentait l'empire, dont l'éloquence, naturelle et sans art, mais entraînante et persuasive, éclairait les esprits, touchait les cœurs et portait jusqu'au fond des consciences la terreur des jugements de Dieu; cet auditoire surpris, troublé, plus mécontent de lui-même que charmé du prédicateur, et qui ne s'éloignait de la chaire que pour aborder les tribunaux de la pénitence; ces jours si beaux où les cérémonies les plus longues semblaient trop courtes à la piété des fidèles; ces nuits, plus belles encore, passées à réconcilier les pécheurs; ces fêtes qui donnaient aux devoirs les plus coûteux l'attrait des plus doux plaisirs; ces processions où deux mille hommes, animés du même esprit, enflammés du même courage, enviaient l'honneur de porter les bannières, l'image de la Vierge ou la croix commémorative de la mission; ces communions générales où les prêtres, depuis le matin jusqu'à midi, se fatiguaient à rompre le pain de l'Eucharistie : touchant spectacle qui attestait à la fois l'oubli des haines, la réparation des injustices, l'union du pasteur avec le troupeau, la paix des familles, le bonheur de la paroisse tout entière.

La mission à peine achevée, M. le curé voulut mettre à profit, dans l'intérêt de son église, les sentiments de foi dont tous les cœurs étaient remplis. Jamais moment plus favorable ne fut choisi pour entreprendre une œuvre plus urgente. Avant 1825, elle n'eût trouvé aucune sympathie ; après 1830, elle n'eût rencontré qu'une vive opposition. Chacun connaît cette basilique si vaste, si majestueuse, si parfaitement appropriée à sa sainte destination, le seul monument que la Franche-Comté possède en ce genre et l'un des plus remarquables qui existent en province. Les belles proportions de ses nefs, l'élévation de ses voûtes, l'élégance de ses colonnes accouplées, la hardiesse de cette tribune qui paraît suspendue, sans appui, à l'entrée de l'édifice, ont assuré à Nicole une réputation immortelle. Quoique commencée en 1746, l'église de la Madeleine n'avait pu être achevée, faute de ressources, du vivant de ce célèbre architecte. Le chapitre, qui se proposait de la terminer, venait de réunir les fonds nécessaires à l'entreprise, lorsque la révolution éclata et dispersa le clergé. M. Demandre, après vingt ans de ministère, laissa, en 1823, ce monument dans l'état où il l'avait trouvé en 1802. Le portail et les tours demeuraient inachevés, les nefs et le sanctuaire n'étaient pavés qu'à moitié, la sacristie était dépourvue d'ornements ; on n'avait pour table de communion que de mauvaises planches ; le maître-autel et le tabernacle eussent été indignes de prendre place dans une église de village. Compléter, embellir et décorer un pareil édifice était le rêve de M. Vieille. C'est ici qu'on admire toutes les ressources de son zèle, tous les miracles de sa foi. Son premier soin fut de rechercher les plans de Nicole. Il les retrouva, les fit approuver par M. de Milon, préfet du Doubs, et les envoya à Paris. Le conseil des bâtiments, après avoir traîné l'affaire en longueur, ne manqua pas, selon l'usage, d'altérer les vues de l'architecte sous prétexte de les rectifier. Ce fut l'objet d'une correspondance suivie entre le ministère et la préfecture. On échangea de part et d'autre beaucoup d'observations. Enfin, le projet, modifié dans ses détails, demeura à peu près le même dans son ensemble. Le portail se compose, conformément au plan de Nicole, de trois ordres et de deux tours octogones. Mais le style primitif ayant été méconnu, des deux ordres qui restaient à élever, l'un est ionique au lieu d'être corinthien, et les pilastres des tours formant le troisième, sont doriques au lieu d'être composites. On regrette encore que le conseil des bâtiments ait supprimé les figures colossales qui devaient reposer sur le fronton, et surtout les dômes, avec leurs lanternes élancées, qui étaient destinés à couronner les tours. Incomplètes dans leur ensemble, mutilées dans leur style, tristes et écrasées dans leur aspect, elles accusent hautement cette déplorable manie qui achève ou corrige presque toujours avec les préjugés de notre siècle, les monuments commencés avec les idées des siècles précédents.

Après avoir surmonté ces premières difficultés, il s'agissait de trouver les fonds. M. le curé frappa à toutes les portes. On l'accueillait avec froideur; on le repoussait quelquefois; jamais il ne se laissa décourager. Enfin on l'écouta, on le comprit, on applaudit à ses projets; mais on en reculait l'exécution. Tout fut inutile; son zèle ne donnait à l'administration ni relâche, ni délai. Doué d'une sainte obstination, il revenait à la charge, priant l'un, raisonnant avec l'autre, gagnant chacun à la longue par la douceur de ses manières. Le département offrit trois mille francs et le gouvernement douze mille, avec la promesse de renouveler ces subventions. C'était peu pour une si grande œuvre. Dans le conseil municipal, un membre proposa d'abord d'allouer mille écus. La motion allait être adoptée quand M. de Mercy prit la parole et demanda trente mille francs. Le célèbre avocat plaida si bien sa cause qu'il la gagna séance tenante, sous la condition que les principaux propriétaires du quartier garantiraient le reste de la dépense. M. le curé fit un appel à leur foi. Les riches s'inscrivirent pour de fortes sommes; les pauvres pour des journées de travail; la fabrique s'obligea pour le surplus. Enfin les travaux furent adjugés, le 6 août 1827, moyennant 108,700 fr. M. Vieille avait promis le concours de sa paroisse; ses prévisions ne furent pas trompées. Dès le mois de novembre, les vignerons offrirent leurs bras pour commencer l'ouvrage. La carrière qu'on venait d'ouvrir était inabordable, faute de chemins. On fut obligé de les créer. Ce fut là qu'éclata le dévouement du pauvre et de l'ouvrier. A cinq heures du matin, les paroissiens de bonne volonté se réunissaient sur la place au son de la

cloche, partaient pour la carrière en s'animant l'un l'autre, et travaillaient jusqu'au soir avec une ardeur infatigable. En quelques semaines
on acheva la besogne d'une année. Au mois de mai 1828, la première
pierre des tours fut bénite et posée par M. Rivière, vicaire-général, en
présence du préfet, du maire et d'une foule innombrable de curieux. Au
mois d'avril 1830, tout était terminé.

Une telle rapidité d'exécution pouvait seule assurer le succès de l'entreprise. La révolution de juillet en eût indéfiniment ajourné la fin ; elle
ne fit qu'en retarder le paiement. Tout à coup M. le curé se trouva privé
de presque toutes ses ressources. L'état et le département refusèrent les
allocations qu'ils avaient promises, et il restait à payer 56,000 francs.
On ne savait comment M. Vieille pourrait y suffire ; on l'ignore encore
aujourd'hui : c'est le secret de l'habileté et de la bienfaisance chrétiennes.
Outre le parti qu'il tira des revenus de la fabrique, par une sage administration, la charité des fidèles lui vint en aide. Non-seulement tous les
anciens comptes furent soldés, mais il s'engagea dans de nouvelles dé-
penses et parvint à s'acquitter envers tout le monde. C'est ainsi qu'on
lui doit la chapelle de Sainte-Madeleine et le tableau qui la décore, le
pavé du sanctuaire, le maître-autel et le tabernacle.

Un prêtre dont le ministère avait porté tant de fruits, méritait au plus
haut degré l'affection de ses supérieurs ecclésiastiques. Le cardinal de
Rohan, dès son entrée dans le diocèse, conçut pour lui autant d'estime
que de vénération. Il témoigna à sa paroisse un intérêt particulier, la
visita souvent et voulut même y célébrer une fois la fête patronale. Après
avoir donné à M. Vieille le titre de chanoine honoraire, il songea à lui
conférer la dignité de vicaire-général, qui était vacante par la mort de
M. Rivière. Le bon curé s'effraya de cette charge ; rien ne put vaincre
sa répugnance. Ce fut alors que M. de Rohan jeta les yeux sur M. Cart,
en qui il ne trouva pas moins d'humilité, mais dont il crut devoir moins
respecter les scrupules. Le cardinal n'avait pas renoncé à attacher
M. Vieille à sa personne par un commerce plus fréquent. En 1830, il
lui offrit la cure de la métropole. M. Vieille s'excusa encore en deman-
dant, comme une grâce, qu'on le laissât mourir au milieu des pauvres.
Ce vœu, si évangélique, était trop saintement compris pour n'être pas
désormais respecté.

Dieu sait combien sa résolution devint méritoire dans les vingt dernières années de sa carrière pastorale! Les contradictions et les épreuves recommencèrent pour lui. On se rappelle qu'au milieu de l'effervescence excitée par la révolution de 1830, le clergé fut en butte un moment aux soupçons les plus ridicules et les plus injurieux. M. Vieille, malgré son âge et ses vertus, ne put échapper aux menaces des méchants. Dans la soirée où la statue de Pichegru fut abattue, on prononça le nom de M. le curé de la Madeleine et on marqua son presbytère pour le pillage. Heureusement, quelques hommes habiles et dévoués, qui s'étaient mêlés aux furieux, obtinrent que l'exécution du projet fût différée jusqu'au lendemain. On avait tout gagné, en gagnant du temps. Les postes furent doublés pendant la nuit, une partie de la troupe veilla sous les armes, et on n'eut à déplorer aucun attentat ni contre les propriétés, ni contre les personnes.

Sincèrement attaché aux Bourbons, M. Vieille avait vu en eux les gardiens de la foi. Le trône et l'autel étaient inséparables à ses yeux. Ces illusions se dissipèrent après les événements de juillet; mais bien loin de se confier encore dans un bras de chair, il mit en Dieu seul toutes ses espérances, se renferma, d'une manière plus complète, dans le soin de sa paroisse, et se détacha, sans affectation comme sans réserve, de toutes les choses d'ici-bas. Telle fut la règle de sa conduite. Il usait des biens du monde comme n'en usant pas, insensible aux commodités de la vie, et ne témoignant de douleur ou de regret qu'à la vue des maux qui affligeaient son peuple ou des scandales qui désolaient l'Eglise.

Plus le bon pasteur s'oubliait lui-même, plus il songeait au bien de son troupeau. Ni les glaces de l'âge, ni le besoin du repos si naturel à un vieillard, ni la sage lenteur qui était le signe distinctif de son caractère, ne refroidirent en lui la charité pastorale. Sa paroisse, qui n'a d'autres trésors que ses pauvres, manquait d'une maison de refuge pour les petites filles abandonnées. M. Vieille en sentait vivement le besoin; mais il se demandait avec quels secours il pourrait l'acheter et quelles mains voudraient se dévouer à la servir. En y réfléchissant un peu, il se reprocha de ne pas assez compter sur la Providence, et après s'être concerté avec quelques personnes charitables, il annonça l'ouverture de la maison. C'est ainsi que fut fondé, en 1834, l'établissement de *la Sainte jeu-*

nesse. Les pieuses filles qui l'entreprirent, sous sa direction, n'apportèrent ni domaines, ni rentes, ni argent, ni trousseau. Elles ne mirent en commun que leur pauvreté et leur dévouement, heureuses quand le pain du jour ne leur manque pas, plus heureuses encore si elles souffrent quelque chose pour Jésus-Christ. On n'accueillit que les petites filles les plus nécessiteuses. Les unes sont d'innocentes victimes du libertinage ou de l'inconduite ; d'autres n'ont jamais connu leurs parents ; plusieurs périraient, faute de soins, dans le foyer domestique, ou n'y trouveraient que des pierres d'achoppement et de scandale. M. le curé voulait qu'entre deux pauvres, on choisit la plus rebutante, entre deux enfants exposées au mal, celle qui courait le plus de dangers. C'étaient vraiment ses filles d'adoption. Il partageait entre elles les modiques épargnes de sa charité, se plaisait à leur rendre visite, et ne se retirait jamais sans les avoir bénies avec toute l'effusion de sa tendresse. Cette communauté compte aujourd'hui trente-deux élèves. Fidèle à la pensée de M. Vieille, elle est dans l'état le plus prospère, parce qu'elle est toujours dans la condition la plus misérable. Ce qui ferait la ruine d'un autre établissement, assure au contraire son existence. Riche de ses propres misères, heureuse de ses privations , elle perpétuera, par de touchants exemples, l'esprit de pauvreté évangélique que son fondateur a répandu en elle.

Tant de générosité ne le préserva pas de l'ingratitude. On eût dit qu'à mesure que ses mérites s'accroissaient aux yeux de Dieu, les hommes se montraient jaloux de les épurer dans le feu des tribulations. Je cite un trait entre mille : M. Vieille, qui souffrait depuis longtemps d'une gastrite, s'obstinait, malgré les hommes de l'art, à réciter l'office divin et à célébrer la sainte messe. Un jour, Monseigneur l'Archevêque, après l'avoir pressé de se soigner davantage, ajouta, en riant, qu'au besoin il l'interdirait. Le vénérable malade répéta cette parole, en se louant beaucoup des attentions et des visites du prélat. C'en fut assez pour la malveillance. On inventa une fable ridicule et on répandit le bruit que M. le curé était interdit pour s'être approprié un dépôt d'argent. La calomnie suppose ce qu'il y a de plus criminel, l'ignorance croit ce qu'il y a de plus absurde. Ce mensonge fit tant de dupes que M. Vieille se crut obligé de rompre le silence. Il sollicita l'intervention de l'autorité, qui, moins encore pour le justifier lui-même que pour protester à son tour contre une assertion si perfide, démentit par une lettre et l'interdit et la faute. M. le curé lut cette attestation à la messe paroissiale. Quel exemple que celui d'un saint réduit à parler de lui-même dans un temple où tout parlait de ses bienfaits, et déposant, en quelque sorte, pour se défendre devant ses propres enfants, la triple couronne du sacerdoce, de l'âge et de la vertu ! Quelle honte pour la calomnie ! Quelle consolation pour les victimes qu'elle poursuit et qu'elle frappe tous les jours !

On se demande encore comment M. Vieille pouvait avoir besoin de justification. Il n'appartenait qu'à sa modestie de le croire et à la méchanceté d'en triompher. Pour le vénérer, il suffisait de le voir ; pour l'aimer, c'était assez de le connáitre. Sa taille élevée, son port majestueux, sa figure calme et douce, son regard où se peignait la bienveillance, son sourire qui avait quelque chose d'angélique, révélaient au premier coup d'œil tout ce qu'il était intérieurement. En le rencontrant dans les rues, les étrangers mêmes étaient saisis d'un sentiment de respect ; en le voyant monter à l'autel, ils ne pouvaient s'empêcher de dire : Quel est le saint qui va célébrer les augustes mystères ? La majesté du sacerdoce catholique semblait s'être incarnée dans sa personne. De la cure à l'église, les pauvres se rangeaient sur son passage et lui servaient d'escorte. Après sa messe, il leur donnait audience dans le lieu saint, comme s'il eût voulu les recevoir dans leur propre palais, et prendre conseil de Dieu lui-même pour converser plus dignement avec les représentants qu'il s'est choisis sur la terre. Il ajoutait toujours un bon avis à une bonne aumône, pour rendre l'un plus doux et l'autre plus utile. S'il reprenait, la sévérité du devoir était tempérée par la bonté de ses paroles ; s'il louait, le conseil accompagnait l'éloge et lui donnait une valeur réelle.

Dans les détails de la vie domestique, M. Vieille était le modèle de la politesse et de la bienveillance. Une gaieté franche ne lui déplaisait pas ; un jeu animé l'intéressait dans ses récréations. Il avait l'abord ouvert, la conversation facile, l'humeur toujours égale. Jusque dans l'abandon des entretiens les plus familiers, il professait pour l'autorité cette vénération profonde, cette obéissance parfaite qui semblent d'un autre âge à notre vertu dégénérée ; pour la règle, cet amour antique dont les exemples s'affaiblissent ou disparaissent chaque jour. Tous ses moments étaient comptés. Les devoirs de la bienséance, les visites des pauvres et des malades, l'office divin, les exercices de piété, avaient leurs heures ; la prière seule n'en avait pas. Elle était pour lui de tous les temps et de tous les lieux. C'était là le principe caché de sa force, de sa patience, de sa douceur, et le plus beau des dons qu'il avait reçus de l'éternelle Bonté. Rien n'est difficile pour ceux qui prient.

Aussi entreprit-il dans sa vieillesse des œuvres qui semblaient demander la vivacité du jeune âge. Les dernières années de sa vie pastorale furent marquées, comme les premières, par de grands travaux, par de grands bienfaits. On eût dit qu'après s'être arrêté un moment, craignant tout à coup d'être surpris par la mort, il eût voulu se faire pardonner son repos par une activité plus admirable que jamais. Pendant la disette de 1847, sa charité ne connut point de bornes. Aucun pauvre ne fut congédié sans remporter un morceau de pain, aucun ouvrier sans obtenir les outils dont il avait besoin pour prendre part aux travaux des chemins. Un homme de bien dont la mémoire est en vénération dans toute la province, M. Duban, partagea avec M. Vieille le mérite de cette action. Il avait choisi le quartier de Sainte-Madeleine pour le principal théâtre de ses bonnes œuvres, et M. le curé pour le meilleur de ses économes. Ses deux filles, dont la haute vertu s'offenserait de nos éloges, montrèrent après lui la même bienveillance envers la paroisse, la même confiance envers le pasteur.

En 1849, M. Vieille méditait de nouveaux embellissements pour son église. Les voûtes furent blanchies, les colonnes et les murs habilement lavés ; l'ancien orgue fit place à un jeu plus complet et à une montre plus grandiose ; la coupole se décora de fresques d'un très bon goût, dont l'effet sera plus sensible quand on aura ouvert les fenêtres dont elle est percée et la lanterne qui la surmonte.

Au milieu de ces travaux, il ménageait si bien son temps et ses soins, qu'il put créer encore une école du soir en faveur des ouvriers de sa paroisse. Il ouvrit une souscription, s'inscrivit le premier en tête de la liste pour une somme considérable, et confia l'œuvre naissante aux Frères de la doctrine chrétienne. Ouverte le 12 novembre, cette classe fut fréquentée en peu de jours par cent cinquante adultes, parmi lesquels on comptait un certain nombre de pères de famille. Le zèle des maîtres et la bonne tenue des élèves consolèrent les derniers jours de M. Vieille. Il ne parut qu'une fois au milieu d'eux, mais son nom, ses prières, ses bénédictions, soutenaient visiblement l'école. Sa mémoire, qui y commande encore aujourd'hui, en garantit le succès pour l'avenir.

Ce fut la dernière entreprise de M. Vieille. Ses forces physiques, depuis si longtemps ébranlées, fléchirent enfin et le réduisirent à garder la chambre. Bientôt une extinction de voix et un abattement complet parurent aux médecins les signes avant-coureurs d'une fin prochaine. On dit des anciens qu'ils mouraient debout; c'est le propre de la fausse vertu qui se donne en spectacle. M. Vieille voulut mourir à genoux, comme il convient à un prêtre. L'avant-veille de son décès, il se leva encore pour présider, au milieu de ses vicaires, à la lecture et à la prière du soir. Il semblait ramasser le reste de ses forces pour donner jusqu'à la fin l'exemple de l'attitude la plus humiliée et la plus respectueuse.

Le lendemain, il demanda et reçut les derniers sacrements qui lui furent administrés par son directeur, M. Cuenot, supérieur du séminaire. Après cette cérémonie, il donna des ordres pour se faire inscrire parmi les fondateurs des colléges catholiques, dont la liste venait de s'ouvrir. Monseigneur l'archevêque l'honora de sa visite et fut édifié de ses entretiens. Le prélat nous rassurait, en se retirant, sur l'état de M. Vieille. Comment croire en effet que ce vénérable malade, qui semblait dompter la douleur par sa patience, toujours maître de son intelligence et de sa volonté, toujours bon, toujours aimable, tel en un mot que nous l'avions vu dans la santé la plus parfaite, allait cependant succomber et s'éteindre! Lui seul n'espérait plus et ne voulait plus espérer. Il nous demanda de réciter les prières de l'agonie; nous résistâmes d'abord en opposant notre confiance à ses pressentiments. Il insista : « Je veux, » disait-il, qu'elles soient faites pendant qu'il plaît au bon Dieu de me » conserver le sentiment de mes devoirs. » Heureux vieillard! ce sentiment ne l'abandonna pas même dans les dernières minutes de sa vie mortelle. Son pouls cessait de battre, quand sa voix, son geste, disaient encore avec quelle fidélité il voulait observer les règles de la sévère réserve qu'il s'était imposée. Les religieuses de la charité, ses nièces, sa vénérable sœur qui avait été pour lui une seconde mère, ne purent obtenir de lui rendre le moindre service. Il s'agissait de le transporter d'un lit dans un autre. Ses vicaires furent assez heureux pour lui faire agréer leurs soins. Il n'y consentit toutefois qu'après avoir satisfait à son règlement, en ordonnant à ses parentes de se retirer. Sa dernière parole fut pour elles un ordre de sortir. Son dernier regard se tourna de leur côté comme pour s'assurer qu'on lui avait obéi. Quelques minutes après, il ne nous restait que sa dépouille mortelle. Et nous qui le tenions dans nos bras, nous ne pouvions croire qu'il venait de parler pour la dernière fois, tant il était semblable à lui-même! Nous cherchions encore sur ses lèvres le dernier souffle de la vie, tant il s'était exhalé avec douceur! Nous nous demandions s'il dormait, tant il est vrai que la mort ressemble au sommeil dans le juste qui attend la résurrection glorieuse! Il mourut le 12 janvier 1850.

Ses obsèques eurent lieu deux jours après, au milieu du concours de toute la paroisse. Les écoles et les conférences ouvraient la marche funèbre, puis venaient, sous la croix du chapitre, la maîtrise et le bas-chœur de l'église métropolitaine, un grand nombre d'ecclésiastiques, les chanoines honoraires et titulaires, les vicaires-généraux, enfin Monseigneur l'Archevêque qui avait bien voulu honorer de sa présence et sanctifier encore par ses prières une cérémonie si touchante et si sainte par elle-même. MM. les curés de Saint-Pierre, de Saint-François-Xavier, de Notre-Dame et de Saint-Maurice tenaient les coins du poêle. Le vénérable défunt, revêtu de ses habits sacerdotaux, le visage découvert et la croix en main, était porté par huit élèves du grand séminaire. Un détachement du 3e bataillon de la garde nationale escortait le cercueil, s'associant ainsi, par une démarche toute spontanée, à la douleur du clergé et des fidèles. Le deuil était conduit par les vicaires de la Madeleine, les parents du défunt et les membres de la fabrique. Le clergé de la ville et de la banlieue, plusieurs fonctionnaires publics, nombre de pères de famille, les dames de charité et les associées de la confrérie de Sainte-Anne, fermaient la marche du convoi. Après avoir traversé la rue de l'Ecole, la place d'Artillerie et la rue d'Arènes, le cortége entra à l'église, que la foule avait déjà envahie, et qui, malgré son étendue, ne put contenir tous les assistants. M. l'abbé Bergier, vicaire-général, célébra la messe ; Monseigneur l'Archevêque fit les prières de l'absoute et accompagna le corps jusqu'à la porte de Battant.

Par un secret jugement du Ciel, M. Vieille, qui avait essuyé beaucoup de contradictions pendant sa vie, fut encore, après sa mort, l'objet de quelques critiques. Dieu permet rarement que les hommages des hommes soient unanimes autour de la dépouille du juste, parce qu'il réserve à son âme une compensation, immédiate et durable, bien supérieure à des larmes qui ne coulent qu'une heure, à des éloges qui ne durent qu'un jour, et aux témoignages d'une fragile douleur que le temps emporte avec tout le reste.

Nous ne terminerons point cette notice sans emprunter quelques lignes au testament de M. Vieille. Il invoque d'abord le saint nom de Dieu ; puis, s'adressant à sa paroisse, « Un vrai chrétien, dit-il, et surtout un bon prêtre, doit se contenter de l'honnête nécessaire suivant sa condition et son état, pour sa nourriture, son vêtement et son ameublement. Tout son superflu doit être employé à des œuvres de piété et de miséricorde.

» Avec la grâce de Dieu (qu'à lui seul par conséquent en soient rapportés tout l'honneur et toute la gloire), je me suis conformé à cette règle de conduite sacerdotale, tracée par la religion sainte dont j'ai eu le bonheur d'être le ministre, malgré ma profonde indignité. Je n'ai donc point fait d'acquisition, ni d'épargnes, ni de prêt d'argent. On ne trouvera après ma mort que les fonds nécessaires pour la dépense courante de ma maison. »

Suivent les dispositions de son testament, par lesquelles il lègue en souvenir ses livres, ses meubles, ses hardes, soit aux pauvres, soit à ses parents, soit aux personnes qui lui étaient le plus chères. Après s'être dépouillé de tout, il ajoute :

« Je recommande mon âme à Dieu, mon créateur. Je le prie de la recevoir en sa miséricorde et de ne pas la juger selon ses mérites, mais d'après ceux de Notre-Seigneur Jésus-Christ, qui est né, qui a souffert et qui est mort en croix pour nous.

» Je prie la très sainte Vierge de me faire ressentir, plus que jamais, dans les derniers moments de ma vie, les heureux effets de sa tendresse naturelle et de son crédit tout puissant auprès de son divin Fils.

» J'exhorte, de tout mon cœur et de toute mon âme, mes chers parents et mes chers paroissiens, à rester inviolablement attachés à la religion sainte dans laquelle le Ciel nous a fait la grâce de naître. Je les conjure d'en remplir constamment tous les devoirs avec fidélité. Je leur recommande, en particulier, l'exactitude à la prière du matin et du soir, la sanctification des dimanches et fêtes par la cessation du travail et par l'assistance aux offices divins, et enfin la fréquentation des sacrements avec de bonnes dispositions. La pratique de ces trois devoirs les conduira infailliblement à l'observation de toutes les vertus que nous prescrit notre sainte religion, et leur assurera un jour le bonheur éternel. »

Que les conseils de M. Vieille soient compris, médités, mis en pratique. Personne ne fut meilleur père. Puisse-t-il obtenir grâce pour ceux qui n'auraient pas lu dans son cœur !

BESANÇON, IMPRIMERIE DE J. JACQUIN.

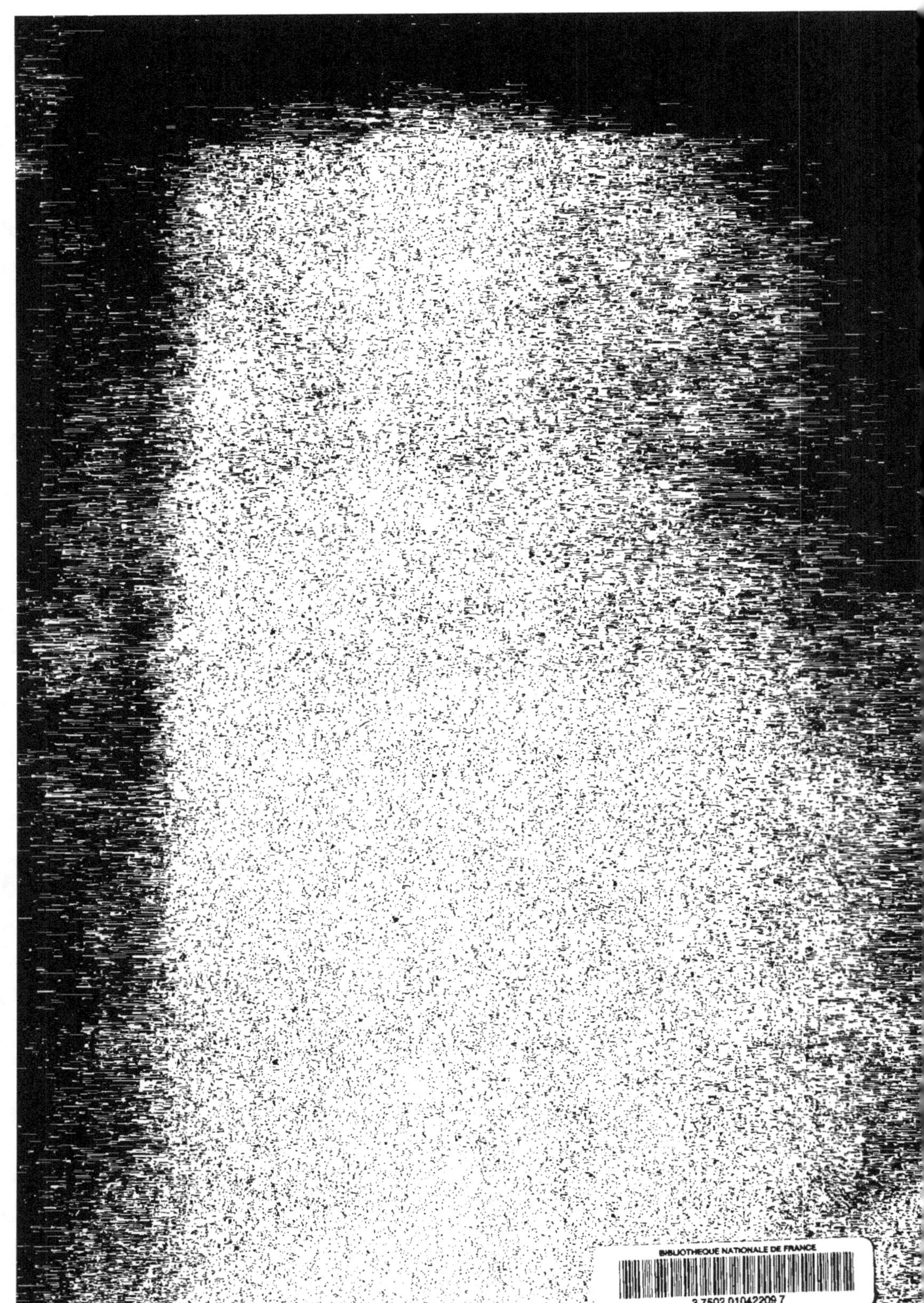